AF218776

Impressum
Verlag: BABADADA GmbH, Nedderfeld 112 , 22529 Hamburg
Geschäftsführer / Verlagsleitung: Harald Hof
Druck: Books on Demand GmbH, In de Tarpen 42, 22848 Norderstedt

Imprint
Publisher: BABADADA GmbH, Nedderfeld 112 , 22529 Hamburg, Germany
Managing Director / Publishing direction: Harald Hof
Print: Books on Demand GmbH, In de Tarpen 42, 22848 Norderstedt

1

el colegio
school

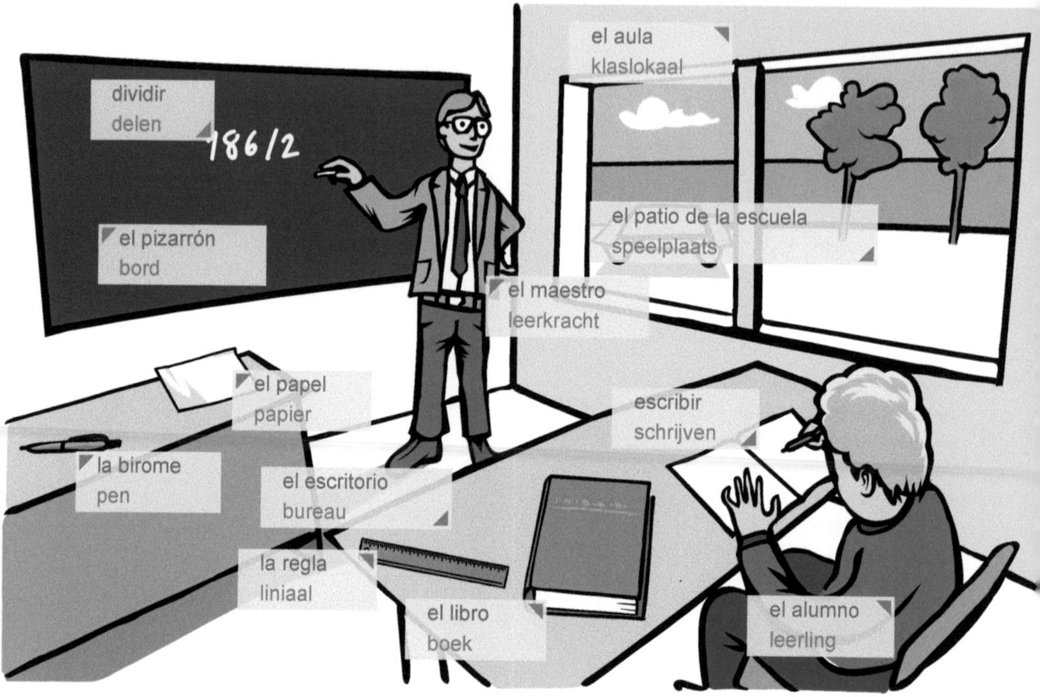

el aula
klaslokaal
dividir
delen
186/2
el patio de la escuela
speelplaats
el pizarrón
bord
el maestro
leerkracht
el papel
papier
escribir
schrijven
la birome
pen
el escritorio
bureau
la regla
liniaal
el libro
boek
el alumno
leerling

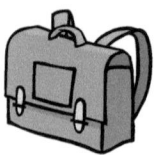

la mochila

schooltas

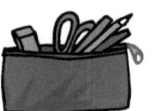

la caja de lápices

pennenzak

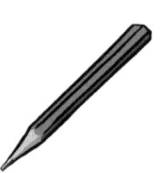

el lápiz

potlood

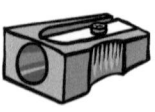

el sacapuntas

puntenslijper

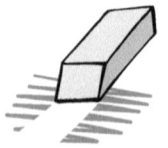

la goma (de borrar)

gom

el bloc de dibujo

tekenblok

el dibujo
tekening

el pincel
verfborstel

la caja de pinturas
verfdoos

la tijera
schaar

el pegamento
lijm

el cuaderno de ejercicios
werkboek

la tarea
huiswerk

el número
nummer

sumar
optellen

restar
aftrekken

multiplicar
vermenigvuldigen

calcular
rekenen

la letra
letter

el abecedario
alfabet

la palabra
woord

el texto

tekst

leer

Lezen

la tiza

krijt

la lección

les

el cuaderno de clase

klassenboek

el examen

examen

el certificado

certificaat

el uniforme escolar

schooluniform

la educación

onderwijs

la enciclopedia

encyclopedie

la universidad

universiteit

el microscopio

microscoop

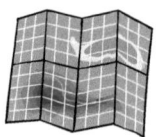

el mapa

kaart

el tacho (de basura)

papiermand

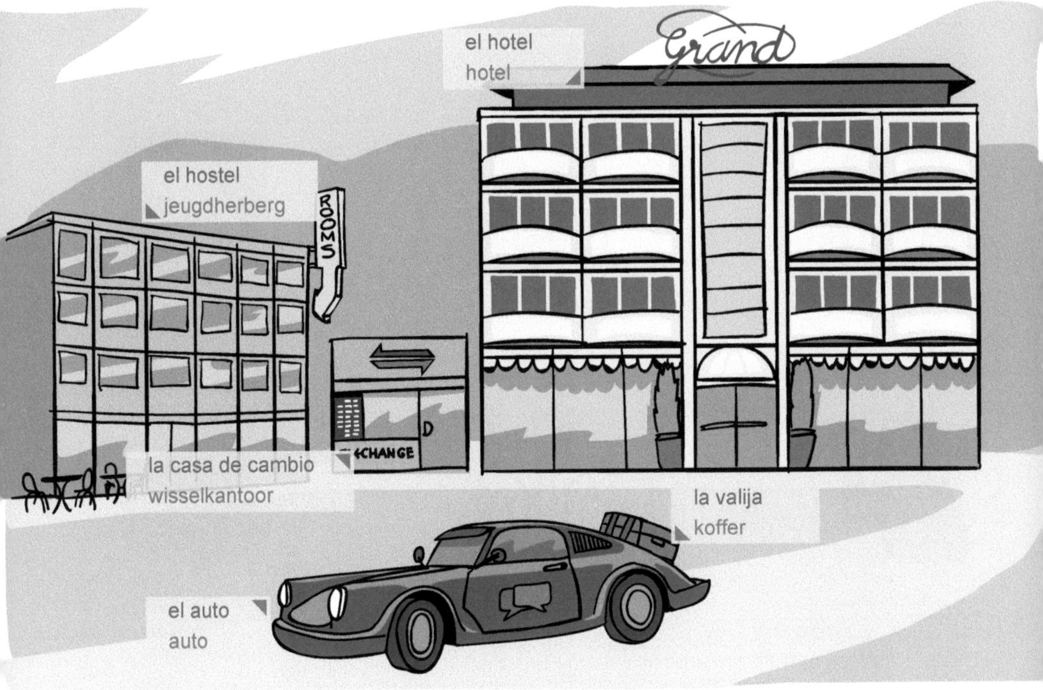

Grand
el hotel
hotel
el hostel
jeugdherberg
ROOMS
CHANGE
la casa de cambio
wisselkantoor
la valija
koffer
el auto
auto

el idioma

Taal

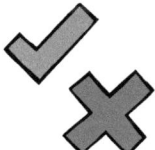

sí / no

ja / nee

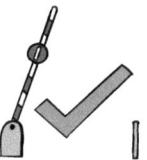

Está bien

oké

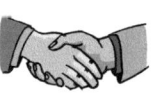

hola

hallo

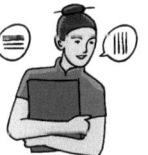

el traductor

vertaler

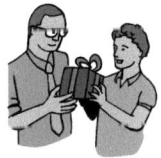

Gracias

bedankt

¿cuánto cuesta...?

Hoeveel kost ...?

No entiendo

Ik begrijp het niet

el problema

probleem

¡Buenas tardes!

Goedenavond!

¡Buenos días!

Goedemorgen!

¡Buenas noches!

Goedenavond!

el adiós

Tot ziens

la dirección

richting

el equipaje

bagage

el bolso

zak

la mochila

rugzak

el invitado

gast

la habitación

kamer

la bolsa de dormir

slaapzak

la carpa

tent

la información turística

toeristeninformatie

la playa

strand

la tarjeta de crédito

kredietkaart

el desayuno

ontbijt

el almuerzo

lunch

la cena

avondeten

el pasaje

ticket

el ascensor

lift

el sello

postzegel

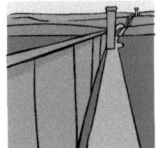

la frontera

grens

la aduana

douane

la embajada

ambassade

la visa

visum

el pasaporte

paspoort

el transporte
transport

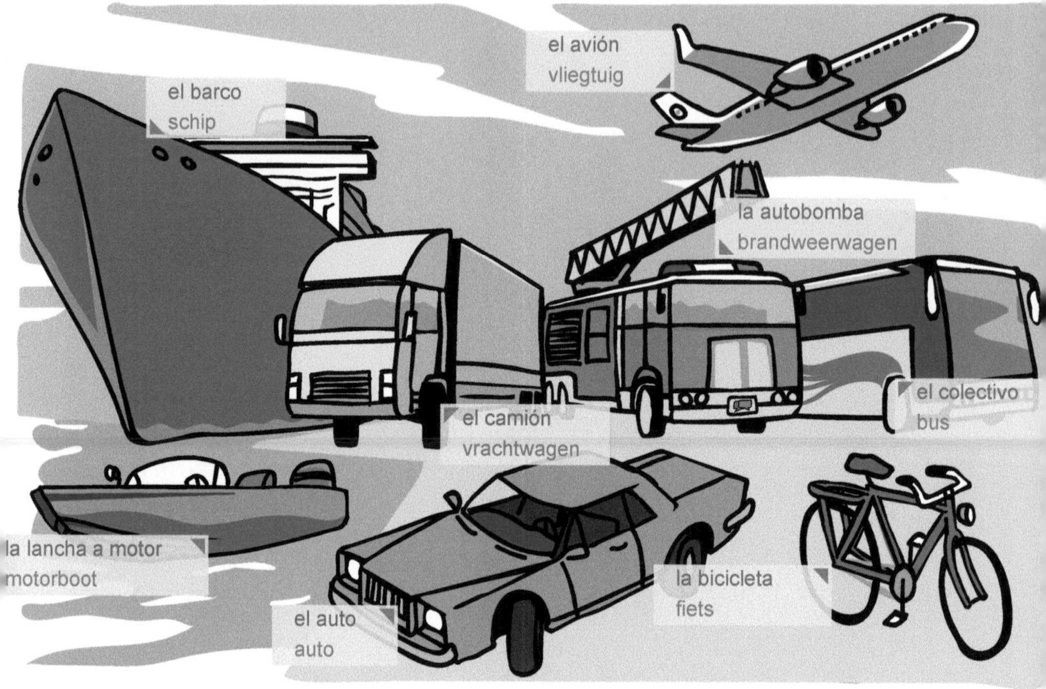
el avión
vliegtuig
el barco
schip
la autobomba
brandweerwagen
el colectivo
bus
el camión
vrachtwagen
la lancha a motor
motorboot
la bicicleta
fiets
el auto
auto

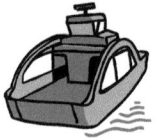

el ferry

veerboot

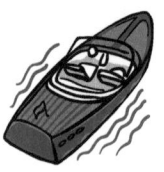

el bote

boot

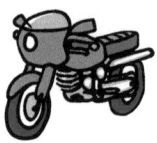

la moto

motor

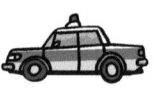

el patrullero

politiewagen

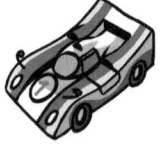

el auto de carreras

racewagen

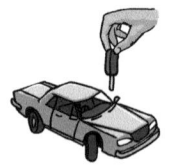

el auto de alquiler

huurauto

el alquiler de autos

carpoolen

la grúa

sleepwagen

el camión de la basura

vuilniswagen

el motor

motor

la nafta

benzine

la estación de servicio

benzinestation

la señal de tránsito

verkeersbord

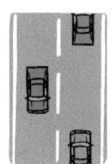

el tránsito

verkeer

el embotellamiento

file

el estacionamiento

parkeerplaats

la estación de tren

station

las vías

sporen

el tren

trein

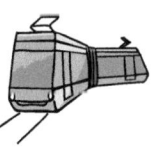

el tranvía

tram

el vagón

wagon

el helicóptero
helikopter

el aeropuerto
luchthaven

la torre
toren

el pasajero
passagier

el contenedor
container

la caja de cartón
karton

la carretilla
kar

la canasta
mand

despegar / aterrizar
opstijgen / landen

la ciudad
stad

el pueblo
dorp

el centro de la ciudad
stadscentrum

la casa
huis

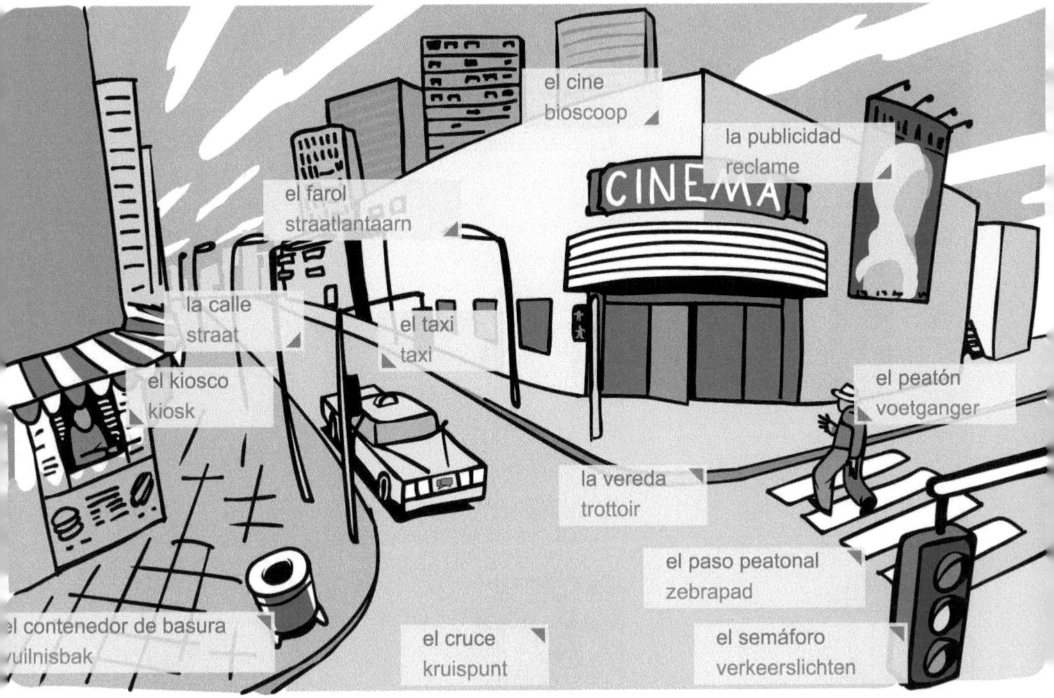

el cine
bioscoop

la publicidad
reclame

el farol
straatlantaarn

la calle
straat

el taxi
taxi

el kiosco
kiosk

el peatón
voetganger

la vereda
trottoir

el paso peatonal
zebrapad

el contenedor de basura
vuilnisbak

el cruce
kruispunt

el semáforo
verkeerslichten

la cabaña

hut

el departamento

woning

la estación de tren

station

la municipalidad

stadshuis

ol musco

museum

el colegio

school

la universidad

universiteit

el banco

bank

el hospital

ziekenhuis

el hotel

hotel

la farmacia

apotheek

la oficina

kantoor

la librería

boekwinkel

el negocio

winkel

la florería

bloemenwinkel

el supermercado

supermarkt

el mercado

markt

las grandes tiendas

warenhuis

la pescadería

vishandelaar

el centro comercial

winkelcentrum

el puerto

haven

el parque

park

el banco

bank

el puente

brug

las escaleras

trap

el subte

metro

el túnel

tunnel

la parada del colectivo

bushalte

el bar

bar

el restaurante

restaurant

el buzón

brievenbus

el letrero

straatnaambord

el parquímetro

parkeermeter

el zoológico

zoo

la pileta

zwembad

la mczquita

moskee

la granja
boerderij

la contaminación
milieuverontreiniging

el cementerio
kerkhof

la iglesia
kerk

los juegos infantiles
speelplaats

el templo
tempel

el paisaje
landschap

la hoja
blad

el poste indicador
wegwijzer

el camino
weg

la pradera
weide

la piedra
steen

el árbol
boom

el excursionista
wandelaar

el río
rivier

la hierba
gras

la flor
bloem

el valle

vallei

la montaña

heuvel

el lago

meer

el bosque

bos

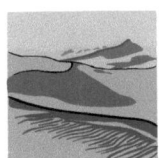

el desierto

woestijn

el volcán

vulkaan

el castillo

kasteel

el arco iris

regenboog

el champiñón

paddenstoel

la palmera

palmboom

el mosquito

mug

la mosca

vlieg

la hormiga

mier

la abeja

bijl

la araña

spin

el paisaje - landschap

el escarabajo
kever

la rana
kikker

la ardilla
eekhoorn

el erizo
egel

la liebre
haas

la lechuza
uil

el pájaro
vogel

el cisne
zwaan

el jabalí
wild zwijn

el ciervo
hert

el alce
eland

la presa
dam

el aerogenerador
windturbine

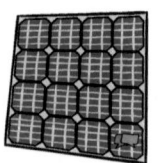

el panel solar
zonnepaneel

el clima
klimaat

el restaurante
restaurant

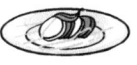

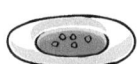

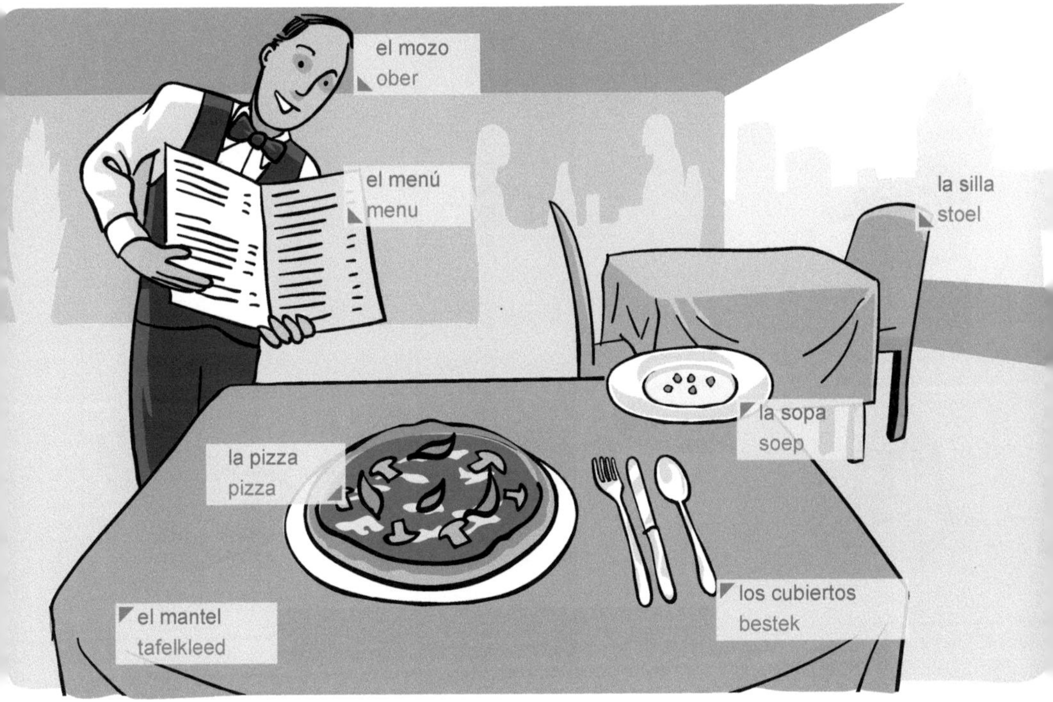
el mozo
ober
el menú
menu
la silla
stoel
la sopa
soep
la pizza
pizza
los cubiertos
bestek
el mantel
tafelkleed

la entrada
voorgerecht

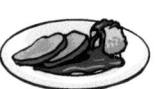

el plato principal
hoofdgerecht

el postre
nagerecht

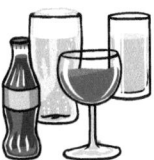

las bebidas
drankjes

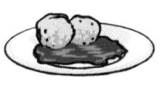

la comida
eten

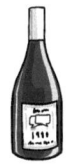

la botella
fles

la comida rápida

fastfood

la comida callejera

street food

la tetera

theepot

la azucarera

suikerpot

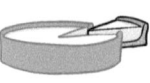

la porción

portie

la cafetera expreso

espressomachine

la sillita alta

kinderstoel

la cuenta

rekening

la bandeja

dienblad

el cuchillo

mes

el tenedor

vork

la cuchara

lepel

la cucharita

theelepel

la servilleta

serviette

el vaso

glas

el plato

bord

el plato hondo

soepbord

el plato

schoteltje

la salsa

saus

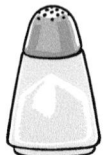

el salero

zoutvatje

el molinillo de pimienta

pepermolen

el vinagre

azijn

el aceite

olie

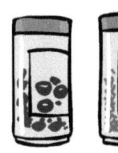

las especias

kruiden

el kétchup

ketchup

la mostaza

mosterd

la mayonesa

mayonaise

el supermercado
supermarkt

la oferta especial
aanbieding
FOR
el cliente
klant
los lácteos
zuivelproducten
la fruta
fruit
el changuito
winkelwagen

BUTCHERS

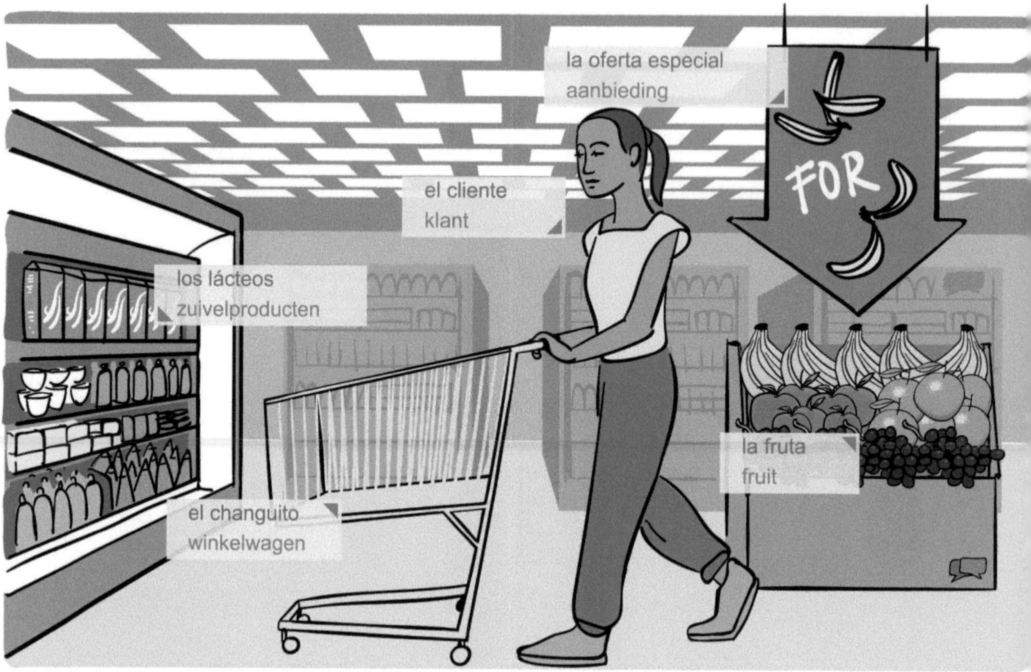

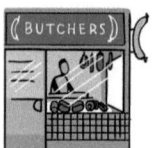

la carnicería

slagerij

BAKERY

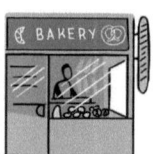

la panadería

bakkerij

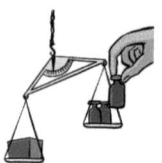

pesar

wegen

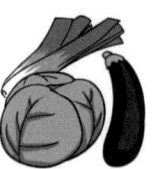

las verduras

groenten

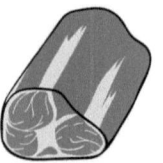

la carne

vlees

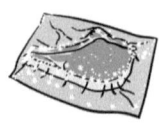

los alimentos congelados

diepvriesvoedsel

los fiambres

charcuterie

los alimentos enlatados

conserven

el detergente en polvo

waspoeder

las golosinas

snoep

los electrodomésticos

huishoudproducten

los productos de limpieza

schoonmaakproducten

la vendedora

verkoopster

la caja

kassa

el cajero

kassier

la lista de compras

boodschappenlijstje

el horario de atención

openingstijden

la billetera

portefeuille

la tarjeta de crédito

kredietkaart

la cartera

tas

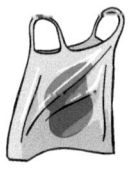

la bolsa de plástico

plastieken zakje

el agua

water

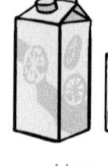

el jugo

sap

la leche

melk

la bebida cola

cola

el vino

wijn

la cerveza

bier

el alcohol

alcohol

el cacao

cacao

el té

thee

el café

koffie

el café expreso

espresso

el cappuccino

cappuccino

la banana

banaan

la manzana

appel

la naranja

sinaasappel

el melón

meloen

el limón

citroen

la zanahoria

wortel

el ajo

knoflook

el bambú

bamboe

la cebolla

ajuin

el champiñón

champignon

las nueces

noten

los fideos

noodles

los tallarines

spaghetti

el arroz

rijst

la ensalada

salade

las papas fritas

frieten

las papas fritas

gebakken aardappelen

la pizza

pizza

la hamburguesa

hamburger

el sándwich

sandwich

el churrasco

kalfslapje

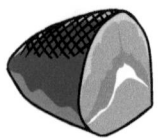

el jamón

ham

el salame

salami

la salchicha

worst

el pollo

kip

el asado

braden

el pescado

vis

los copos de avena

havervlokken

el muesli

muesli

los copos de maíz

cornflakes

la harina

bloem

la medialuna

croissant

el pancito

pistolet

el pan

brood

la tostada

toast

las galletitas

koekjes

la manteca

boter

la cuajada

kwark

la torta

taart

el huevo

ei

el huevo frito

spiegelei

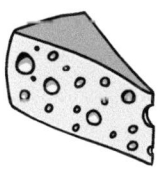

el queso

kaas

el helado

ijs

el azúcar

suiker

la miel

honing

la mermelada

confituur

la pasta de chocolate

choco

el curry

curry

la granja
boerderij

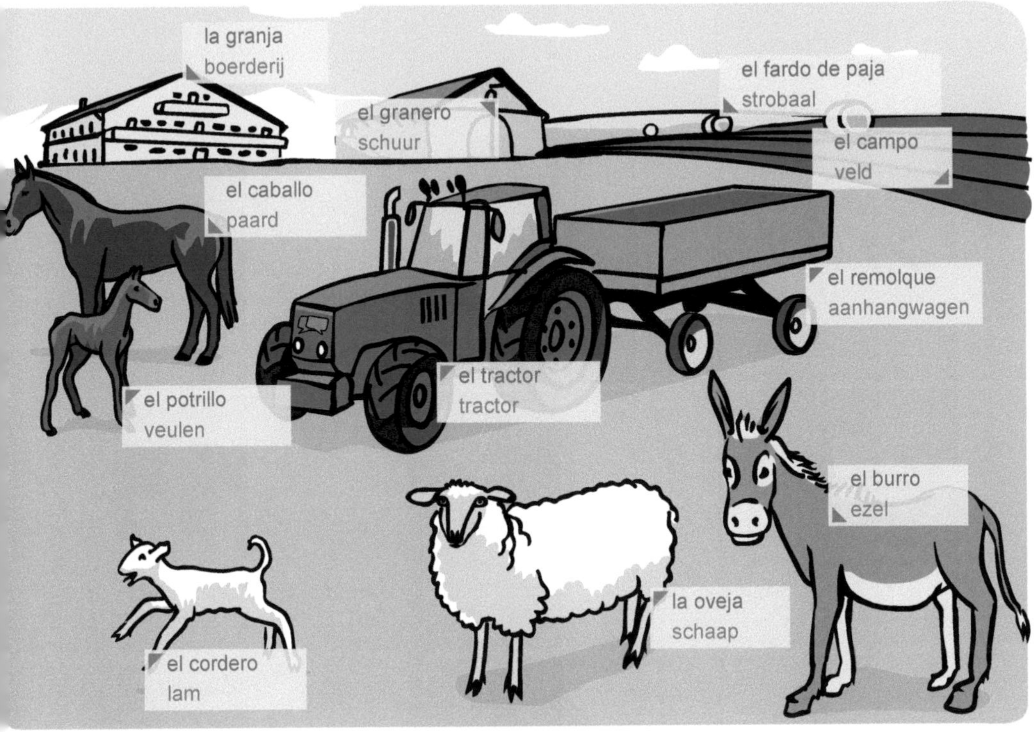

la granja
boerderij
el granero
schuur
el fardo de paja
strobaal
el campo
veld
el caballo
paard
el remolque
aanhangwagen
el tractor
tractor
el potrillo
veulen
el burro
ezel
la oveja
schaap
el cordero
lam

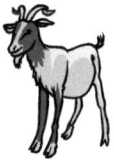

la cabra

geit

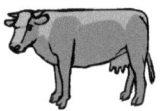

la vaca

koe

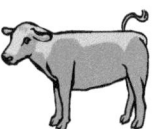

el ternero

kalf

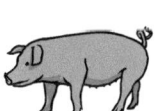

el cerdo

varken

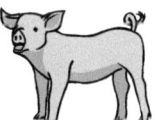

el lechón

biggetje

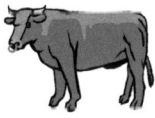

el toro

stier

el ganso

gans

el pato

eend

el pollo

kuiken

la gallina

kip

el gallo

haan

la rata

rat

el gato

kat

el ratón

muis

el buey

os

el perro

hond

la cucha

hondenhok

la manguera

tuinslang

la regadera

gieter

la guadaña

zeis

el arado

ploeg

la hoz

sikkel

la azada

schoffel

la horquilla

hooivork

el hacha

bijl

la carretilla

kruiwagen

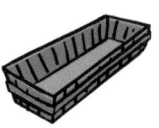

el abrevadero

trog

la lechera

melkkan

la bolsa

zak

la reja

hek

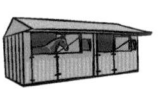

el establo

stal

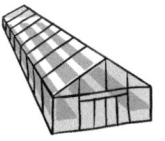

el invernadero

broeikas

el suelo

bodem

la semilla

zaad

el fertilizador

mest

la cosechadora

maaidorser

cosechar

oogsten

la cosecha

oogst

las batatas

yam

el trigo

tarwe

la soja

soja

la papa

aardappel

el maíz

maïs

la semilla de colza

koolzaad

el árbol frutal

fruitboom

la mandioca

maniok

los cereales

graan

la casa
huis

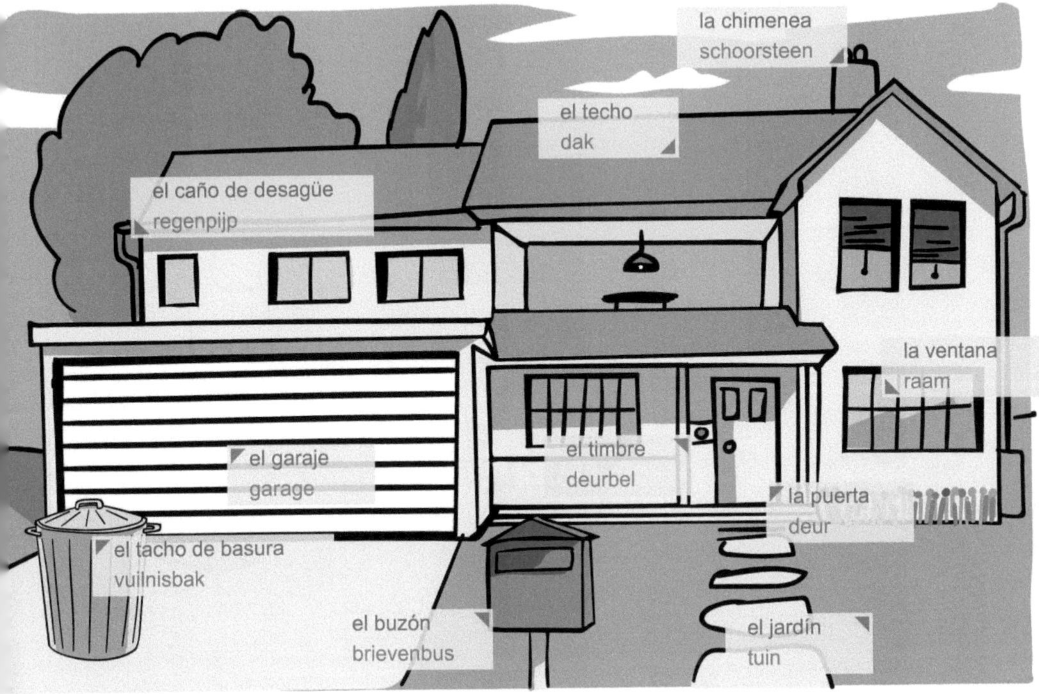

la chimenea
schoorsteen
el techo
dak
el caño de desagüe
regenpijp
la ventana
raam
el timbre
deurbel
el garaje
garage
la puerta
deur
el tacho de basura
vuilnisbak
el buzón
brievenbus
el jardín
tuin

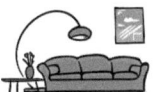

el living
....
woonkamer

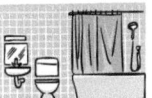

el baño
....
badkamer

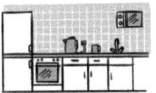

la cocina
....
keuken

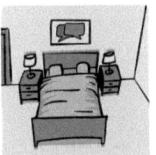

el dormitorio
....
slaapkamer

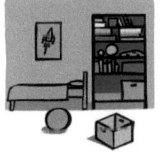

el cuarto de los chicos
....
kinderkamer

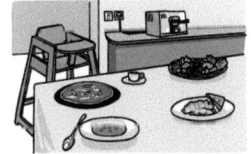

el comedor
....
eetkamer

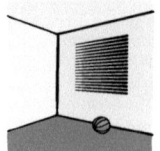

el piso

vloer

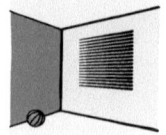

la pared

muur

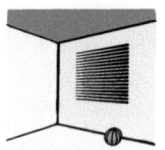

el cielorraso

plafond

el sótano

kelder

el sauna

sauna

el balcón

balkon

la terraza

terras

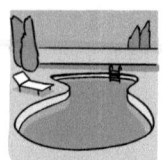

la pileta

zwembad

la cortadora de pasto

grasmaaier

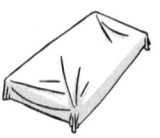

la sábana

dekbedovertrek

el acolchado

dekbed

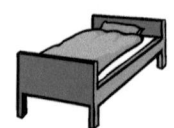

la cama

bed

la escoba

bezem

el balde

emmer

el interruptor

schakelaar

el living
woonkamer

el empapelado
behangpapier
la imagen
foto
la lámpara
lamp
el estante
schap
el armario
kast
la televisión
televisie
la chimenea
open haard
la flor
bloem
el almohadón
kussen
el sofá
sofa
el florero
vaas
el control remoto
afstandsbediening

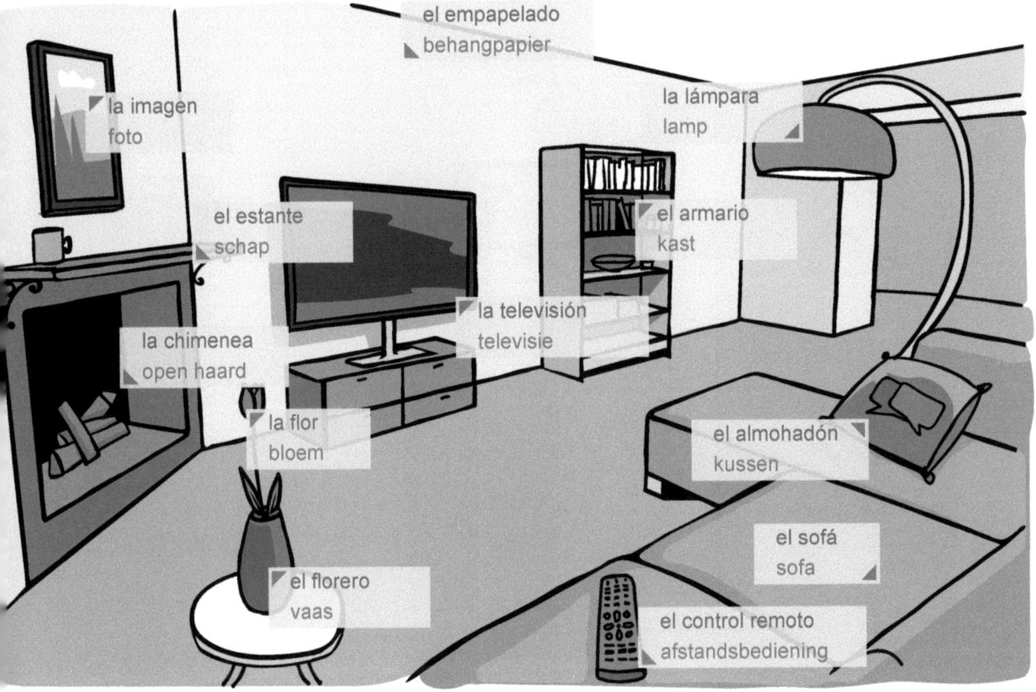

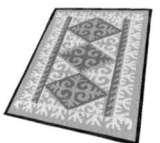

la alfombra

mat

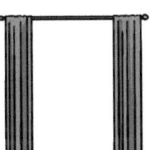

la cortina

gordijn

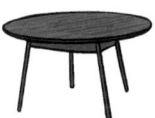

la mesa

tafel

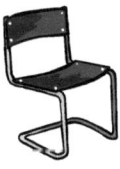

la silla

stoel

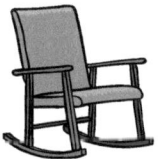

la mecedora

schommelstoel

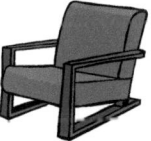

el sillón

fauteuil

el libro

boek

la frazada

deken

la decoración

decoratie

la leña

brandhout

la película

film

el equipo de música

stereo-installatie

la llave

sleutel

el diario

krant

la pintura

schilderij

el póster

poster

la radio

radio

el cuaderno

notitieboekje

la aspiradora

stofzuiger

el cactus

cactus

la vela

kaars

la cocina
keuken

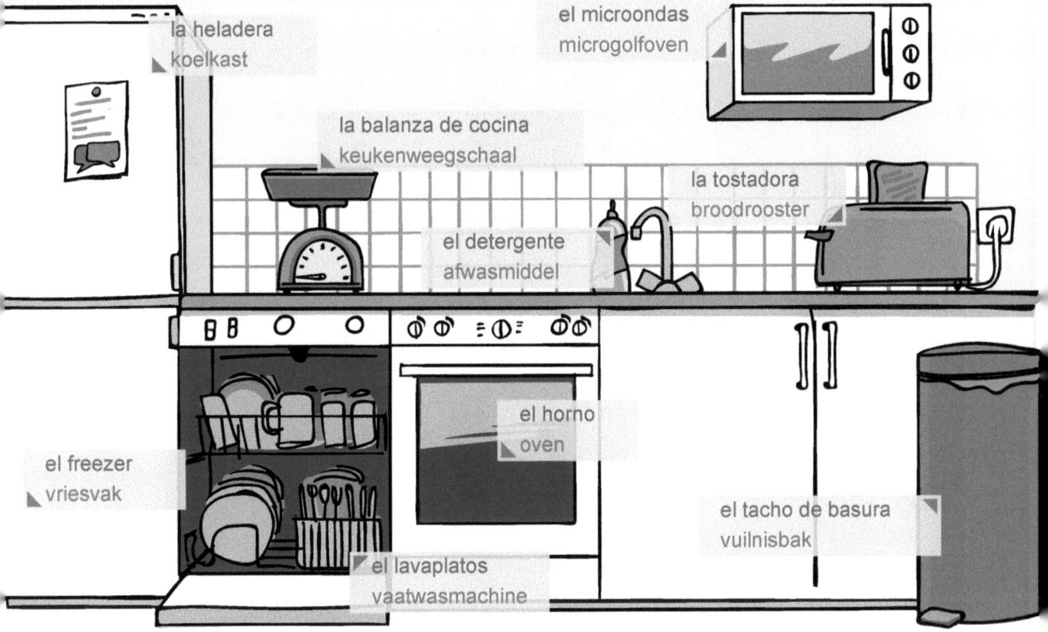

la heladera
koelkast
el microondas
microgolfoven
la balanza de cocina
keukenweegschaal
la tostadora
broodrooster
el detergente
afwasmiddel
el horno
oven
el freezer
vriesvak
el tacho de basura
vuilnisbak
el lavaplatos
vaatwasmachine

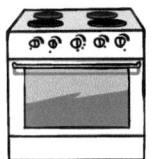

la cocina

fornuis

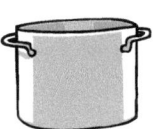

la olla

pot

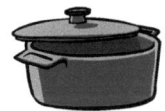

la olla de hierro fundido

gietijzeren pot

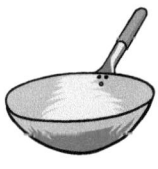

el wok

wok / kadai

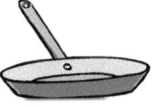

la sartén

pan

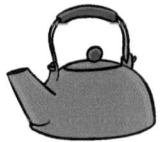

la pava

waterkoker

la vaporera

stoomkoker

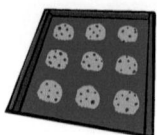

la bandeja de horno

bakplaat

la vajilla

servies

la taza

mok

el bol

kom

los palitos

eetstokjes

el cucharón

pollepel

la espátula

spatel

la batidora

garde

el colador

vergiet

el colador

zeef

el rallador

rasp

el mortero

mortier

la parrilla

barbecue

la fogata

haardvuur

la tabla de picar

snijplank

el palo de amasar

deegrol

el sacacorchos

kurkentrekker

la lata

blik

el abrelatas

blikopener

la manopla

pannenlap

la pileta

gootsteen

el cepillo

borstel

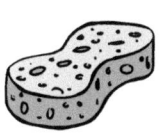

la esponja

spons

la batidora

blender

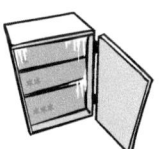

el congelador

vriezer

la mamadera

papfles

la canilla

kraan

la cocina - keuken

el baño
badkamer

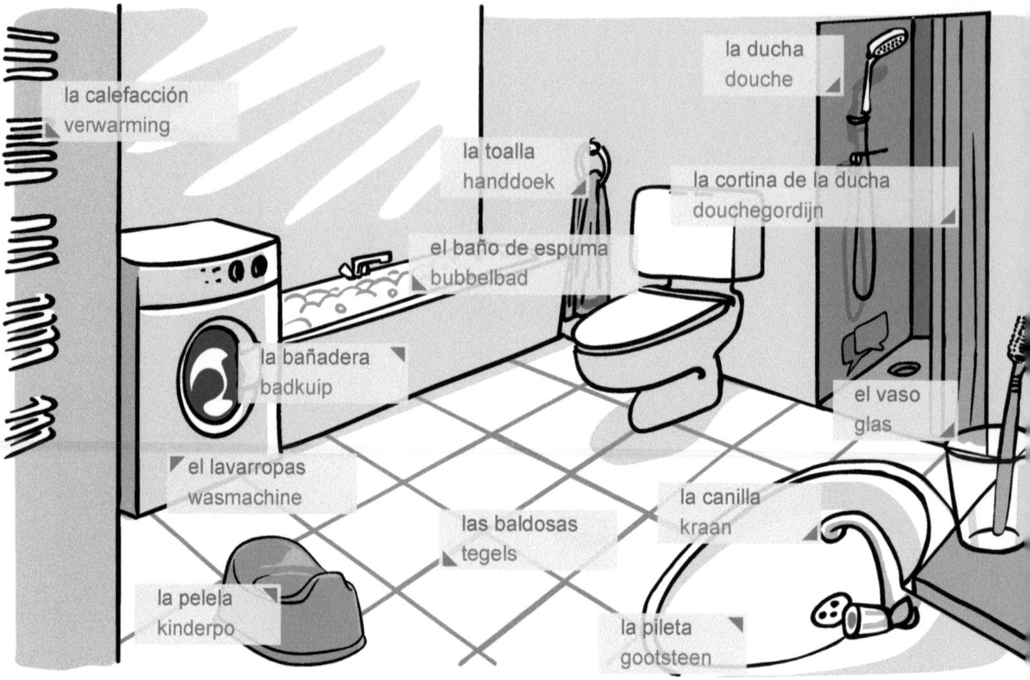
la calefacción
verwarming
la toalla
handdoek
la ducha
douche
la cortina de la ducha
douchegordijn
el baño de espuma
bubbelbad
la bañadera
badkuip
el vaso
glas
el lavarropas
wasmachine
la canilla
kraan
las baldosas
tegels
la pelela
kinderpo
la pileta
gootsteen

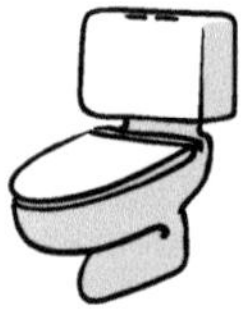

el inodoro

toilet

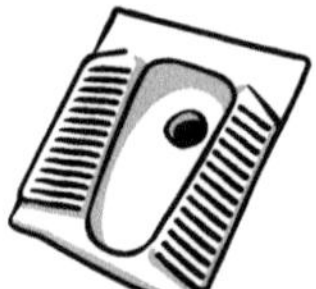

la letrina

hurktoilet

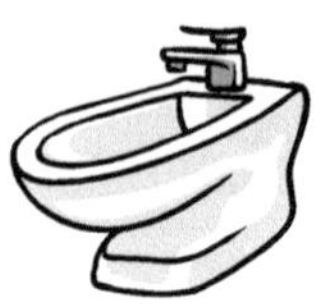

el bidé

bidet

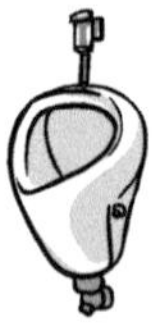

el mingitorio

urinoir

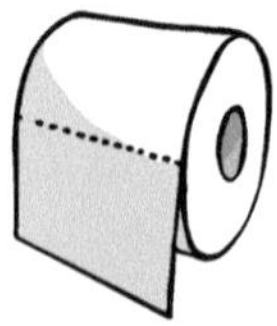

el papel higiénico

toiletpapier

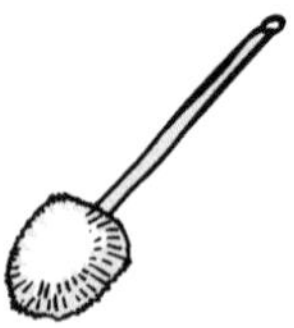

el cepillo para el inodoro

toiletborstel

el cepillo de dientes

tandenborstel

el dentífrico

tandpasta

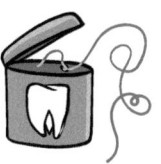

el hilo dental

flosdraad

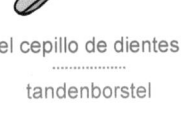

lavar

wassen

la ducha de mano

handdouche

la ducha higiénica

bidethanddouche

la palangana

waskom

el cepillo para la espalda

rugborstel

el jabón

zeep

el gel de ducha

douchegel

el shampoo

shampoo

la toallita

washandje

el desagüe

afvoer

la crema

crème

el desodorante

deodorant

el espejo

spiegel

el espejito

handspiegel

la maquinita de afeitar

scheermes

la espuma de afeitar

scheerschuim

el aftershave

aftershave

el peine

kam

el cepillo

borstel

el secador de pelo

haardroger

el spray

haarlak

el maquillaje

make-up

el lápiz de labios

lippenstift

el esmalte para uñas

nagellak

el algodón

watten

la tijera para uñas

nagelknipper

el perfume

parfum

el portacosméticos

toilettas

la banqueta

kruk

la balanza

weegschaal

la bata

badjas

los guantes de goma

latex handschoenen

el tampón

tampon

la toallita femenina

maandverband

el baño químico

chemisch toilet

el cuarto de los chicos
kinderkamer

el despertador
wekker
el peluche
knuffel
el coche de juguete
speelgoedauto
el sonajero
rammelaar
la casa de muñecas
poppenhuis
el regalo
geschenk

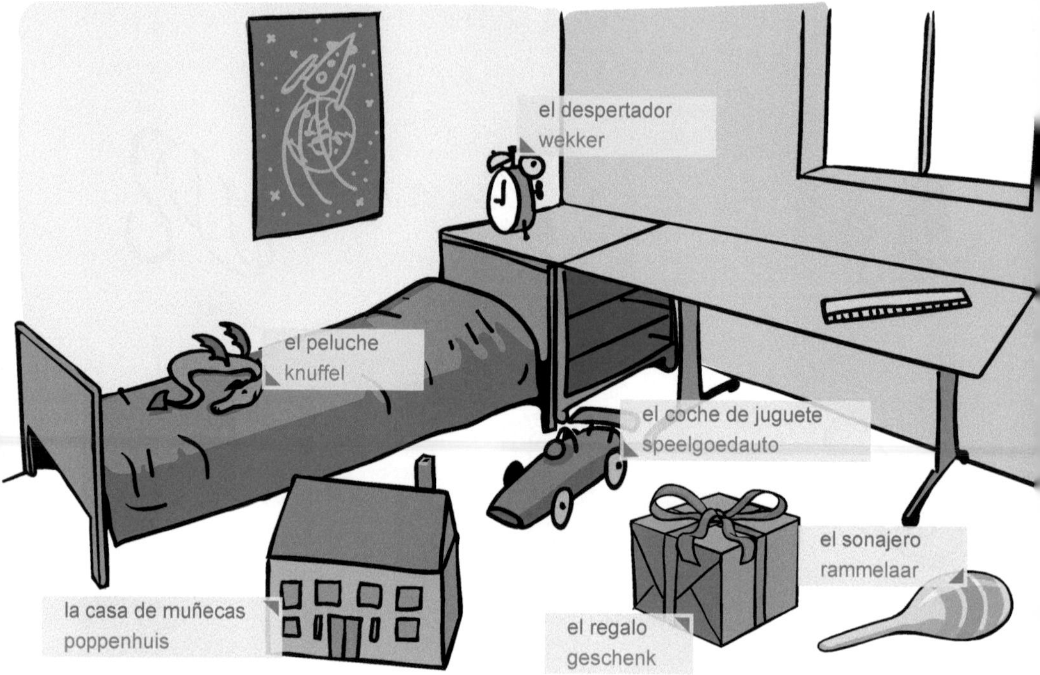

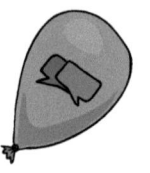

el globo

ballon

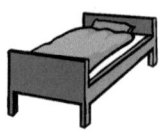

la cama

bed

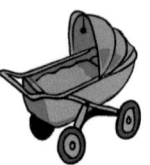

el cochecito

kinderwagen

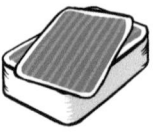

las cartas

spel kaarten

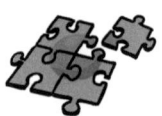

el rompecabezas

puzzel

SUPER MEGA

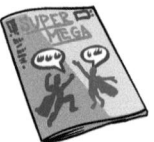

la historieta

stripboek

las piezas de lego
....
legoblokjes

los ladrillos de juguete
....
blokken

la figura de acción
....
actiefiguur

el enterito (de bebé)
....
kruippakje

el frisbee
....
frisbee

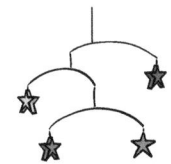

el móvil para bebés
....
mobiel

el juego de mesa
....
bordspel

los dados
....
dobbelsteen

el tren eléctrico
....
modelspoorweg

el chupete
....
fopspeen

la fiesta
....
feest

el libro de cuentos ilustrado
....
prentenboek

la pelota
....
bal

la muñeca
....
pop

jugar
....
spelen

el arenero

zandbak

la hamaca

schommel

los juguetes

speelgoed

la consola de videojuegos

spelconsole

el triciclo

driewieler

el osito de peluche

knuffelbeer

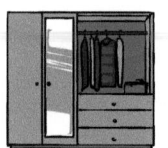

el armario

kleerkast

la ropa
kleding

las medias

sokken

las medias panty

kousen

las calzas

maillot

la bufanda
sjaal

el paraguas
paraplu

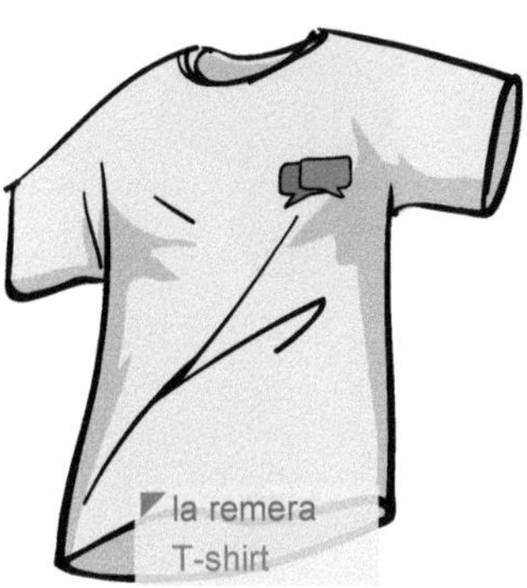

la remera
T-shirt

el cinturón
riem

las botas
laarzen

las pantuflas
slippers

las zapatillas
sneakers

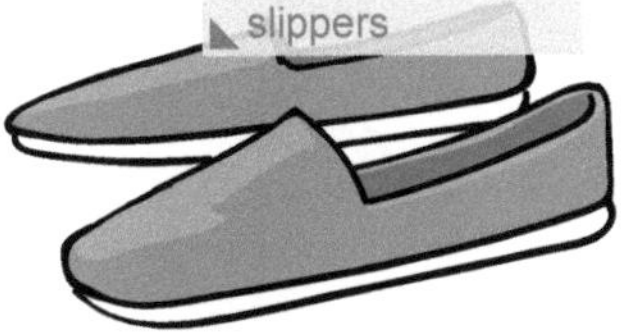

las sandalias
sandalen

los zapatos
schoenen

las botas de goma
rubberlaarzen

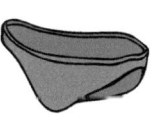

la ropa interior
onderbroek

el corpiño
beha

el chaleco
onderhemd

el body

lichaam

los pantalones

broek

los jeans

jeans

la pollera

rok

la blusa

blouse

la camisa

hemd

el pulóver

trui

el buzo

capuchontrui

el blazer

blazer

la campera

jas

el tapado

jas

el piloto

regenjas

el traje

kostuum

el vestido

jurk

el vestido de novia

trouwjurk

el traje

pak

el camisón

nachthemd

el pijama

pyjama

el sari

sari

el pañuelo para la cabeza

hoofddoek

el turbante

tulband

la burka

boerka

el caftán

kaftan

la abaya

abaya

el traje de baño

badpak

el short de baño

zwembroek

los shorts

short

el jogging

trainingspak

el delantal

schort

los guantes

handschoenen

el botón

knoop

los anteojos

bril

la pulsera

armband

el collar

ketting

el anillo

ring

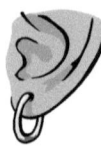

el aro

oorbel

la gorra

pet

la percha

kapstok

el sombrero

hoed

la corbata

das

el cierre

rits

el casco

helm

los tiradores

bretellen

el uniforme escolar

schooluniform

el uniforme

uniform

el babero

slabbetje

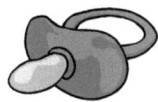

el chupete

fopspeen

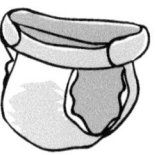

el pañal

luier

la oficina
kantoor

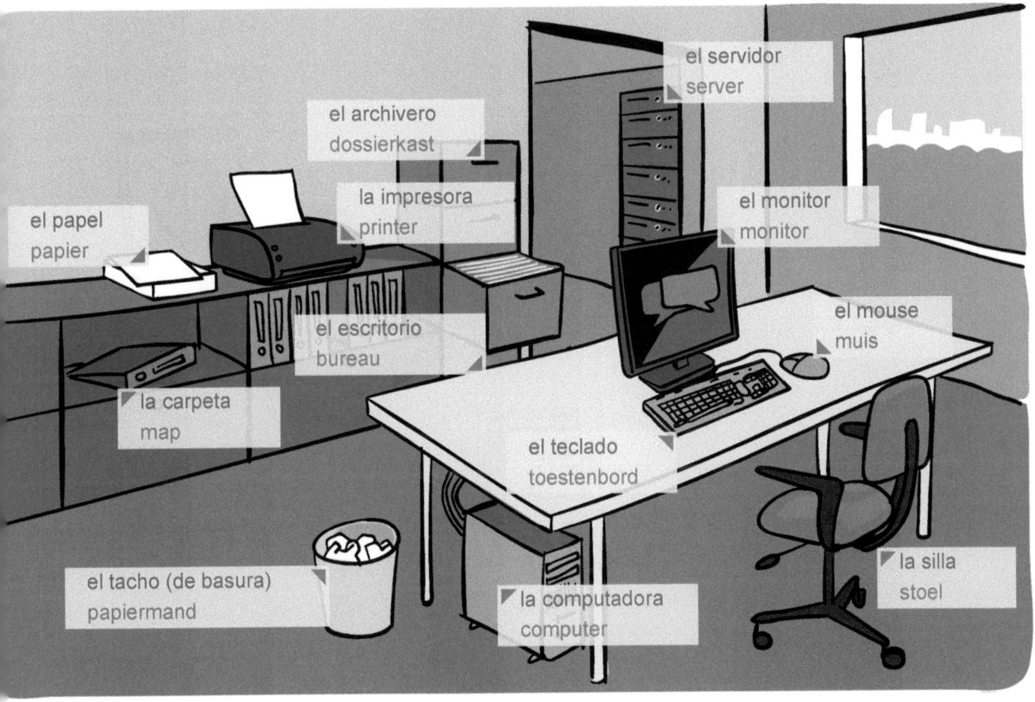

el servidor
server

el archivero
dossierkast

la impresora
printer

el monitor
monitor

el papel
papier

el escritorio
bureau

el mouse
muis

la carpeta
map

el teclado
toestenbord

el tacho (de basura)
papiermand

la silla
stoel

la computadora
computer

la taza de café

koffiemok

la calculadora

rekenmachine

el internet

internet

la laptop

laptop

la carta

brief

el mensaje

bericht

el celular

gsm

la red

netwerk

la fotocopiadora

kopieerapparaat

el software

software

el teléfono

telefoon

el tomacorriente

stopcontact

el fax

fax

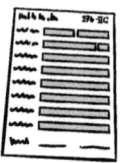

el formulario

formulier

el documento

document

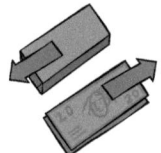

comprar

kopen

pagar

betalen

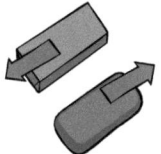

hacer negocios

handelen

el dinero

geld

el dólar

dollar

el euro

euro

el yen

yen

el rublo

roebel

el franco suizo

Zwitserse frank

el yuan

Chinese renminbi

la rupia

roepie

el cajero automático

geldautomaat

la casa de cambio

wisselkantoor

el oro

goud

la plata

zilver

el petróleo

olie

la energía

energie

el precio

prijs

el contrato

contract

el impuesto

belasting

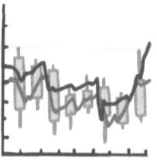

la acción

aandeel

trabajar

werken

el empleado

werknemer

el empleador

werkgever

la fábrica

fabriek

el negocio

winkel

las ocupaciones
beroepen

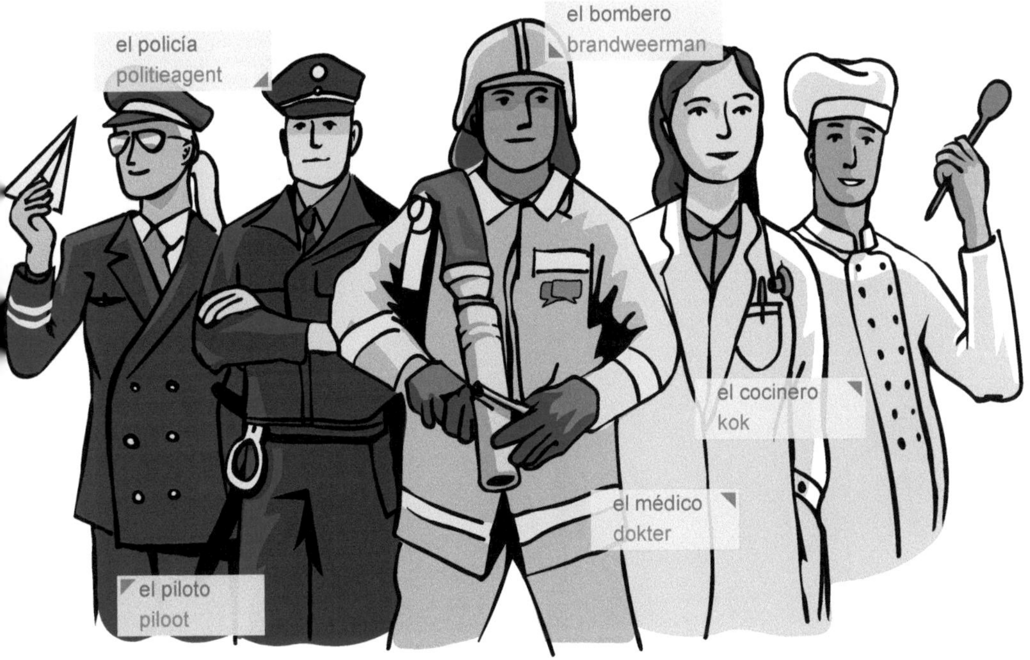

el policía
politieagent
el bombero
brandweerman
el cocinero
kok
el médico
dokter
el piloto
piloot

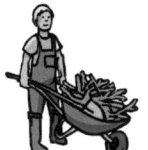

el jardinero

tuinman

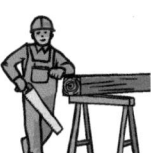

el carpintero

timmerman

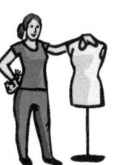

la modista

naaister

el juez

rechter

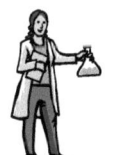

el farmacéutico

chemicus

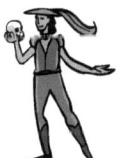

el actor

acteur

el colectivero

buschauffeur

el taxista

taxichauffeur

el pescador

visser

la mucama

schoonmaakster

el techista

dakdekker

el mozo

ober

el cazador

jager

el pintor

schilder

el panadero

bakker

el electricista

elektricien

el albañil

bouwvakker

el ingeniero

ingenieur

el carnicero

slager

el plomero

loodgieter

el cartero

postbode

el soldado
....
soldaat

el arquitecto
....
architect

el cajero
....
kassier

el florista
....
bloemist

el peluquero
....
kapper

el cobrador
....
conducteur

el mecánico
....
mecanicien

el capitán
....
kapitein

el dentista
....
tandarts

el científico
....
wetenschapper

el rabino
....
rabbijn

el imán
....
imam

el monje
....
monnik

el sacerdote
....
geestelijke

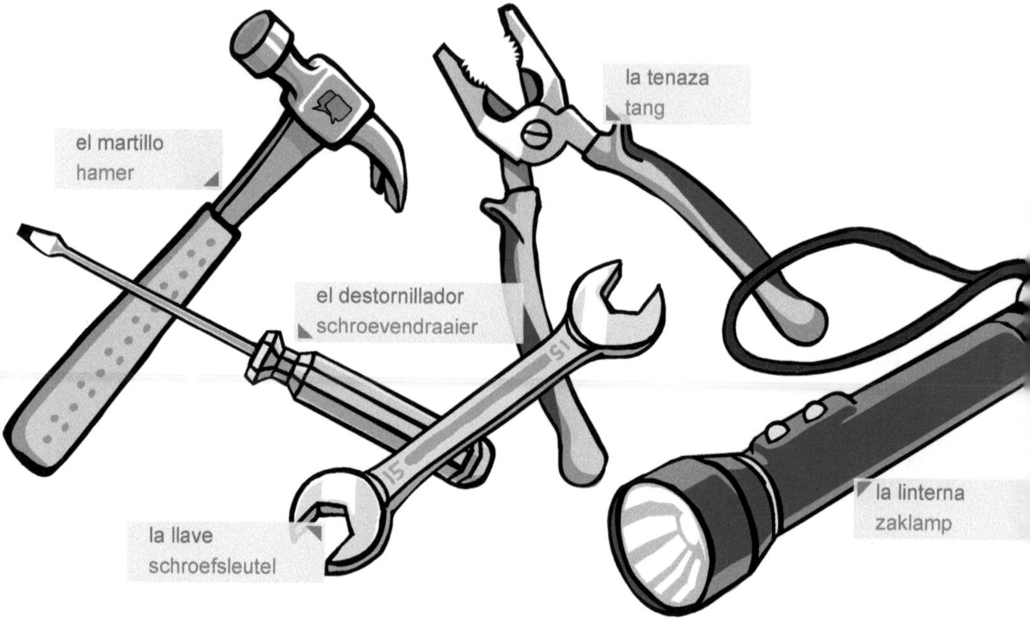

el martillo
hamer

la tenaza
tang

el destornillador
schroevendraaier

la llave
schroefsleutel

la linterna
zaklamp

la excavadora

graafmachine

la caja de herramientas

gereedschapskoffer

la escalera portátil

ladder

la sierra

zaag

los clavos

spijkers

el taladro

boormachine

arreglar

repareren

la pala de jardín

schop

¡Qué bronca!

Verdomme!

la pala de plástico

blik

el tacho de pintura

verfpot

los tornillos

schroeven

los instrumentos musicales
muziekinstrumenten

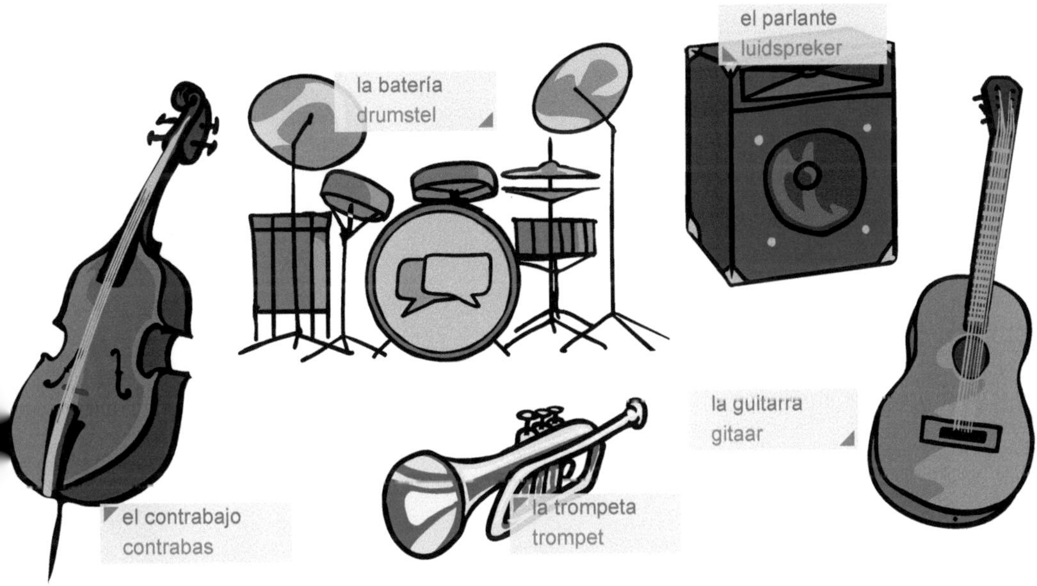

el parlante
luidspreker

la batería
drumstel

la guitarra
gitaar

el contrabajo
contrabas

la trompeta
trompet

el piano

piano

el violín

viool

el bajo

basgitaar

los timbales

pauk

el tambor

trommels

el teclado

keyboard

el saxofón

saxofoon

la flauta

fluit

el micrófono

microfoon

los instrumentos musicales - muziekinstrumenten

el zoológico

zoo

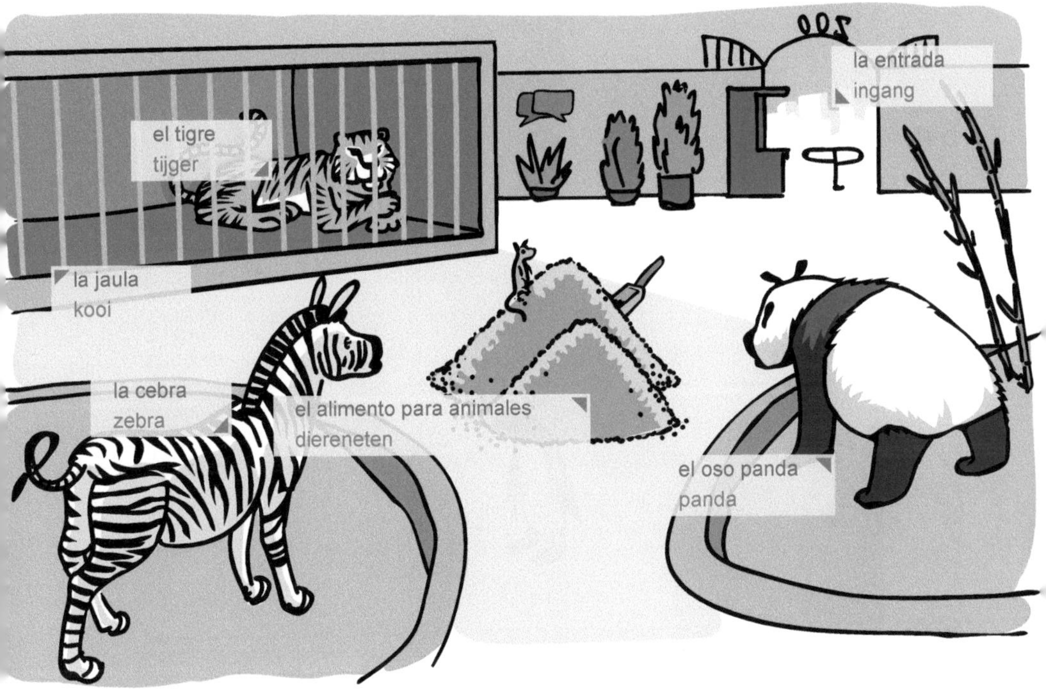

la entrada
ingang
el tigre
tijger
la jaula
kooi
la cebra
zebra
el alimento para animales
diereneten
el oso panda
panda

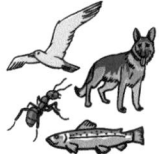

los animales

dieren

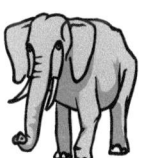

el elefante

olifant

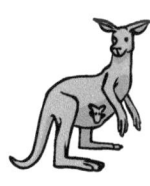

el canguro

kangoeroe

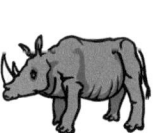

el rinoceronte

neushoorn

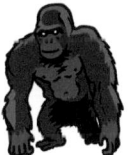

el gorila

gorilla

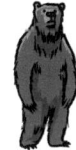

el oso

beer

el camello

kameel

el avestruz

struisvogel

el león

leeuw

el mono

aap

el flamenco

flamingo

el loro

papegaai

el oso polar

ijsbeer

el pingüino

pinguïn

el tiburón

haai

el pavo real

pauw

la serpiente

slang

el cocodrilo

krokodil

el cuidador del zoológico

dierenverzorger

la foca

zeehond

el jaguar

jaguar

el poni

pony

el leopardo

luipaard

el hipopótamo

nijlpaard

la jirafa

giraffe

el águila

adelaar

el jabalí

wild zwijn

el pescado

vis

la tortuga

zeeschildpad

la morsa

walrus

el zorro

vos

la gacela

gazelle

el fútbol americano
rugby

el ciclismo
wielrennen

el tenis
tennis

el básquet
basketbal

la natación
zwemmen

el boxeo
boksen

el hockey sobre hielo
ijshockey

el fútbol

voetbal

el bádminton

badminton

el atletismo

atletiek

el handball

handbal

el esquí

skiën

el polo

polo

las actividades
activiteiten

reír
lachen
saltar
springen
abrazar
knuffelen
caminar
wandelen
cantar
zingen
soñar
dromen
rezar
bidden
besar
kussen

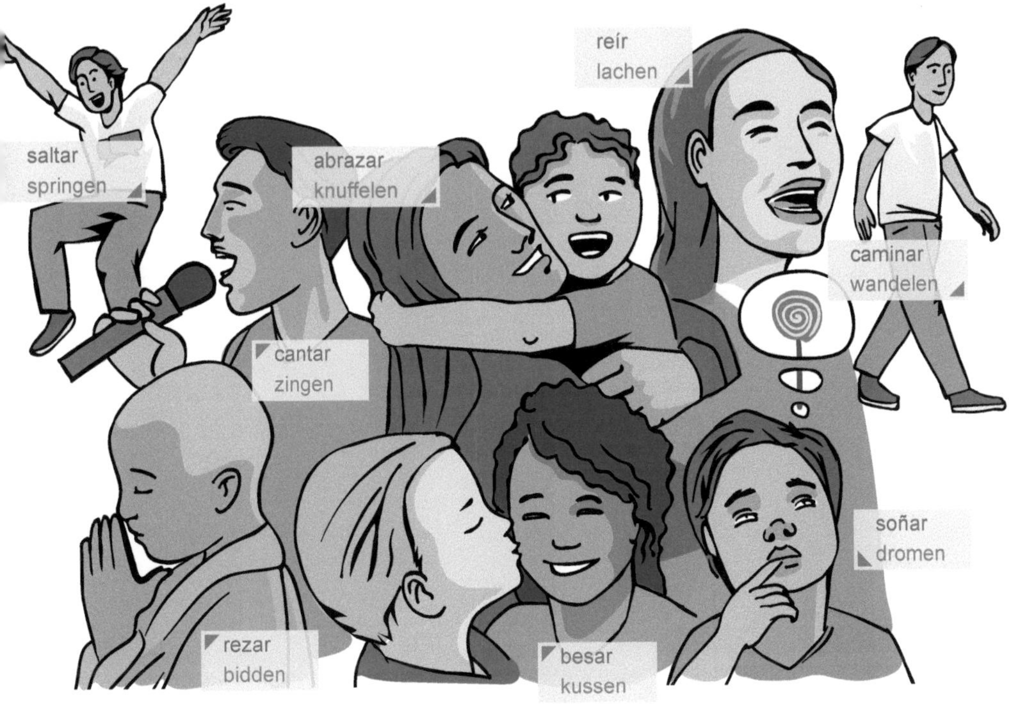

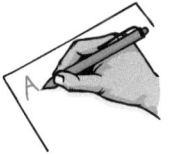

escribir
schrijven

dibujar
tekenen

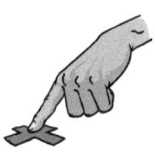

mostrar
tonen

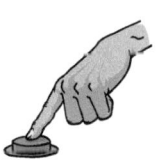

presionar
duwen

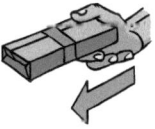

dar
geven

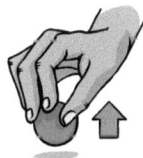

tomar
nemen

tener

hebben

hacer

doen

ser

zijn

estar parado

staan

correr

lopen

tirar

trekken

tirar

gooien

caer

vallen

estar acostado

liggen

esperar

wachten

llevar

dragen

estar sentado

zitten

vestirse

aankleden

dormir

slapen

despertar

ontwaken

mirar

kijken naar

llorar

wenen

acariciar

aaien

peinar

kammen

hablar

praten

entender

begrijpen

preguntar

vragen

escuchar

luisteren

beber

drinken

comer

eten

ordenar

opruimen

amar

houden van

cocinar

koken

manejar

rijden

volar

vliegen

las actividades - activiteiten

navegar

zeilen

calcular

rekenen

leer

Lezen

aprender

leren

trabajar

werken

casarse

trouwen

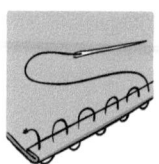

coser

naaien

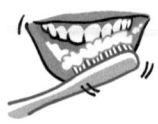

cepillarse los dientes

tandenpoetsen

matar

doden

fumar

roken

enviar

sturen

la familia
familie

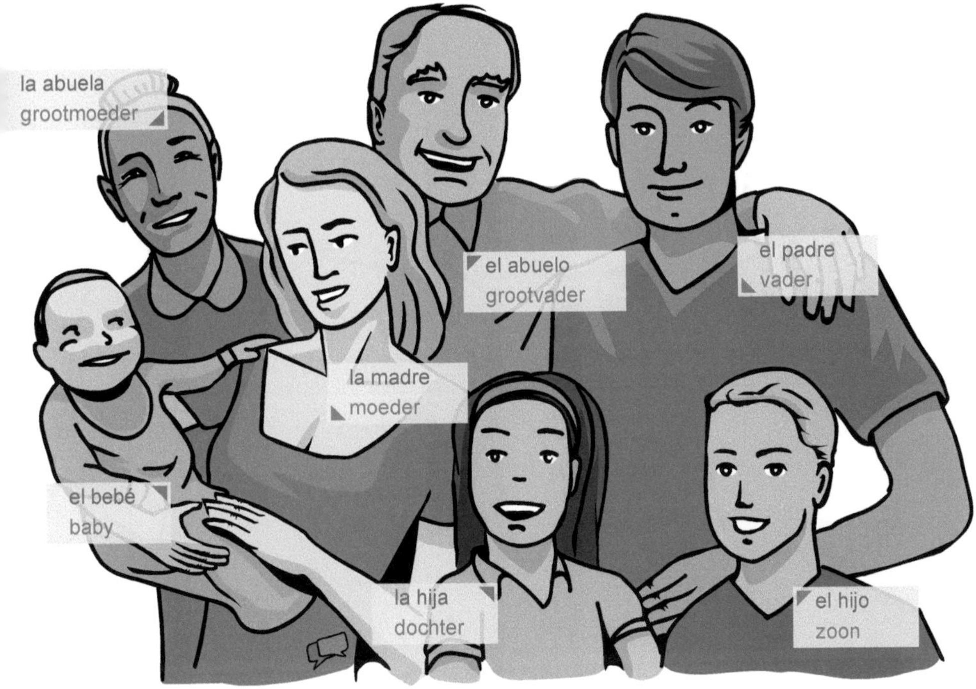

la abuela
grootmoeder
el abuelo
grootvader
el padre
vader
la madre
moeder
el bebé
baby
la hija
dochter
el hijo
zoon

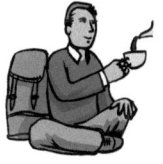

el invitado

gast

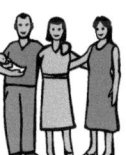

la tía

tante

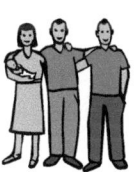

el tío

oom

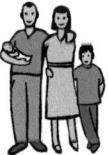

el hermano

broer

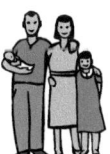

la hermana

zus

el cuerpo
lichaam

la frente
voorhoofd
el ojo
oog
el hombro
schouder
el dedo
vinger
la cara
gezicht
la pera
kin
la mano
hand
la pierna
been
el pecho
borst
el brazo
arm

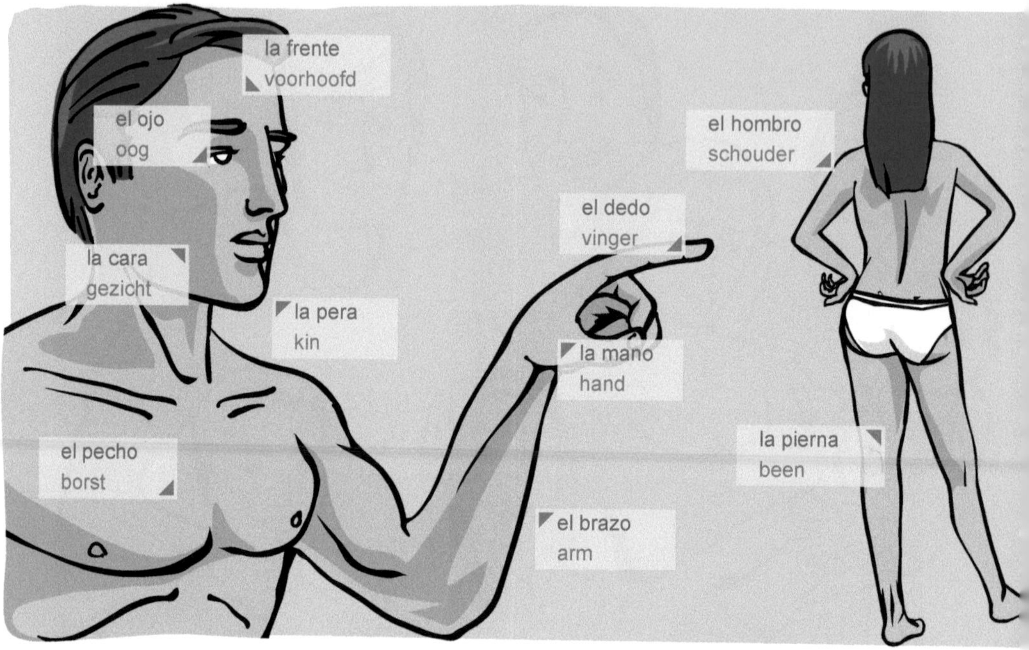

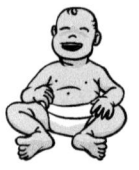

el bebé
baby

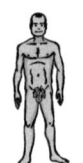

el hombre
man

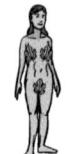

la mujer
vrouw

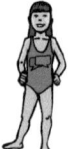

la nena
meisje

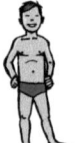

el nene
jongen

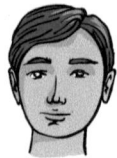

la cabeza
hoofd

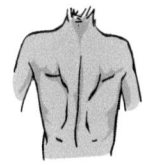

la espalda
....
rug

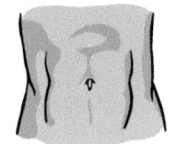

la panza
....
buik

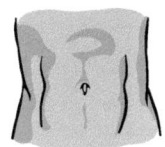

el ombligo
....
navel

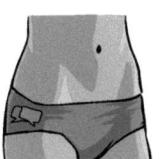

el dedo del pie
....
teen

el talón
....
hiel

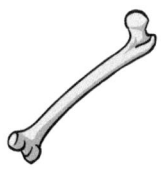

el hueso
....
bot

la cadera
....
heup

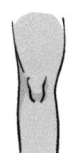

la rodilla
....
knie

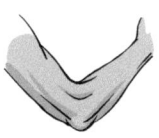

el codo
....
elleboog

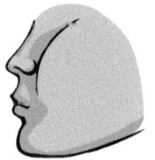

la nariz
....
neus

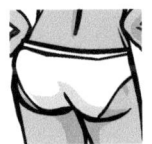

la cola
....
zitvlak

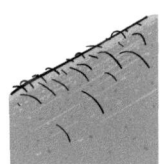

la piel
....
huid

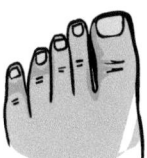

el cachete
....
wang

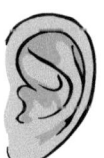

la oreja
....
oor

el labio
....
lip

la boca

mond

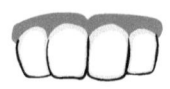

el diente

tand

la lengua

tong

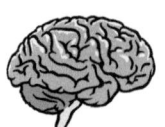

el cerebro

hersenen

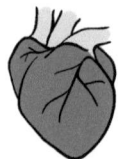

el corazón

hart

el músculo

spier

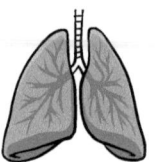

el pulmón

long

el hígado

lever

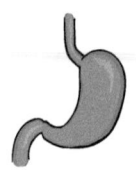

el estómago

maag

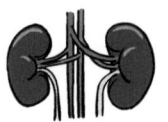

los riñones

nieren

el sexo

seks

el preservativo

condoom

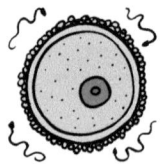

el óvulo

eicel

el semen

sperma

el embarazo

zwangerschap

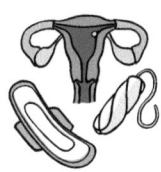

la menstruación

menstruatie

la vagina

vagina

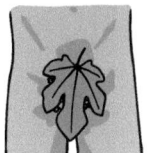

el pene

penis

la ceja

wenkbrauw

el pelo

haar

el cuello

nek

el hospital
ziekenhuis

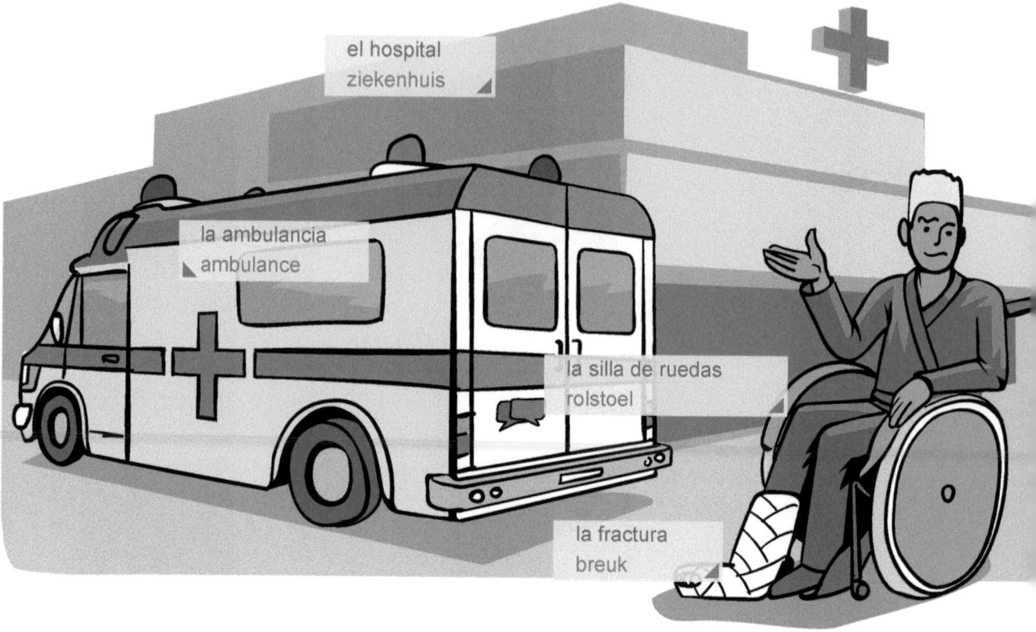

el hospital
ziekenhuis
la ambulancia
ambulance
la silla de ruedas
rolstoel
la fractura
breuk

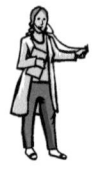

el médico
dokter

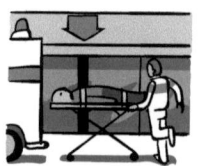

la sala de guardia
spoed

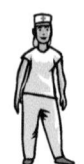

la enfermera
verpleegkundige

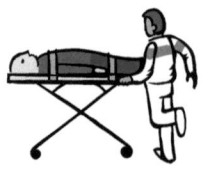

la emergencia
noodgeval

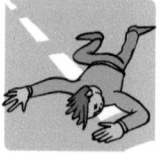

inconsciente
bewusteloos

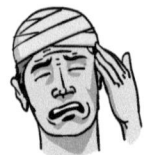

el dolor
pijn

la lesión

verwonding

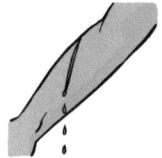

la hemorragia

bloeding

el infarto

hartaanval

el ACV

beroerte

la alergia

allergie

la tos

hoest

la fiebre

koorts

la gripe

griep

la diarrea

diarree

el dolor de cabeza

hoofdpijn

el cáncer

kanker

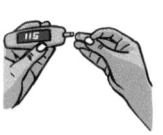

la diabetes

diabetes

el cirujano

chirurg

el bisturí

scalpel

la operación

operatie

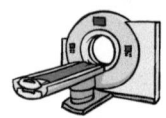

la TC

CT

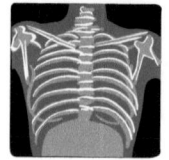

los rayos x

röntgenstraal

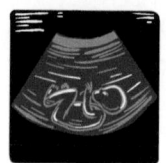

la ecografía

ultrageluid

el barbijo

gezichtsmasker

la enfermedad

ziekte

la sala de espera

wachtkamer

la muleta

kruk

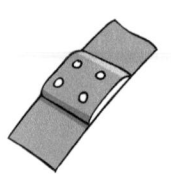

la curita

pleister

la venda

verband

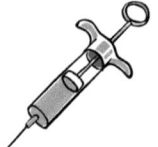

la inyección

injectie

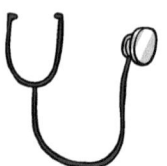

el estetoscopio

stethoscoop

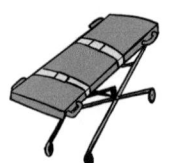

la camilla

brancard

el termómetro

thermometer

el nacimiento

geboorte

el sobrepeso

overgewicht

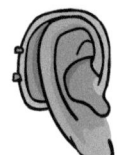

el audífono

hoorapparaat

el desinfectante

ontsmettingsmiddel

la infección

infectie

el virus

virus

el VIH / SIDA

HIV / AIDS

el remedio

medicijn

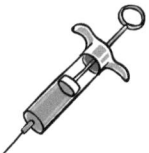

la vacunación

vaccinatie

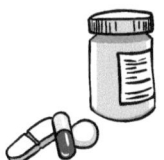

los comprimidos

tabletten

la pastilla anticonceptiva

pil

la llamada de emergencia

noodoproep

el tensiómetro

bloeddrukmeter

enfermo / sano

ziek / gezond

¡Ayuda!

Help!

la alarma

alarm

la agresión

overval

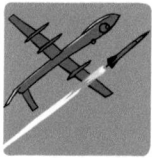

el ataque

aanval

el peligro

gevaar

la salida de emergencia

nooduitgang

¡Fuego!

Brand!

el matafuego

brandblusser

el accidente

ongeval

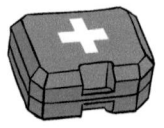

el botiquín de primeros
auxilios

EHBO-kit

el SOS

SOS

la policía

politie

Europa

Europa

América del Norte

Noord-Amerika

América del Sur

Zuid-Amerika

África

Afrika

Asia

Azië

Australia

Australië

el Atlántico

Atlantische Oceaan

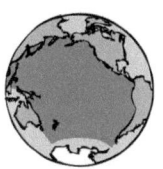

el Pacífico

Stille Oceaan

el Océano Índico

Indische Oceaan

el Océano Antártico

Antarctische Oceaan

el Océano Ártico

Arctische Oceaan

el polo norte

Noordpool

el polo sur

Zuidpool

la Antártida

Antarctica

la Tierra

aarde

la tierra

land

el mar

zee

la isla

eiland

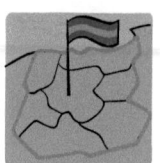

la nación

natie

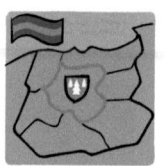

el estado

staat

la esfera

wijzerplaat

la manecilla de las horas

uurwijzer

el minutero

minuutwijzer

el segundero

secondewijzer

¿Qué hora es?

Hoe laat is het?

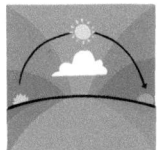

el día

dag

la hora

tijd

ahora

nu

el reloj digital

digitale horloge

el minuto

minuut

la hora

uur

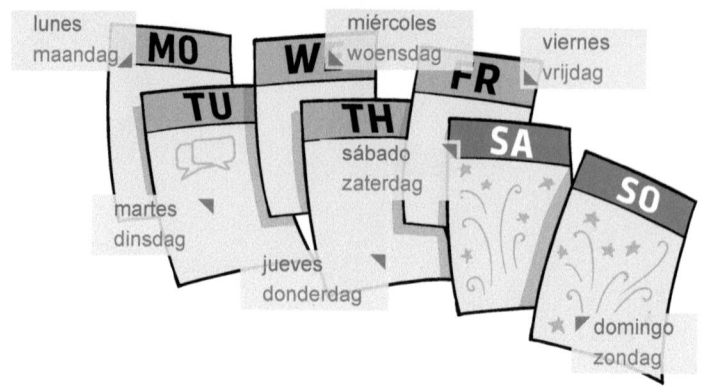

lunes / maandag
martes / dinsdag
miércoles / woensdag
jueves / donderdag
viernes / vrijdag
sábado / zaterdag
domingo / zondag

ayer

gisteren

hoy

vandaag

mañana

morgen

la mañana

ochtend

el mediodía

middag

la tarde

avond

los días hábiles

werkdagen

el fin de semana

weekend

el año

jaar

el arco iris
regenboog
la lluvia
regen
la nieve
sneeuw
el viento
wind
la primavera
lente
el otoño
herfst
el verano
zomer
el invierno
winter

4.APRIL 11°
5.APRIL 4°
6.APRIL 13°
7.APRIL 8°
8.APRIL 10°

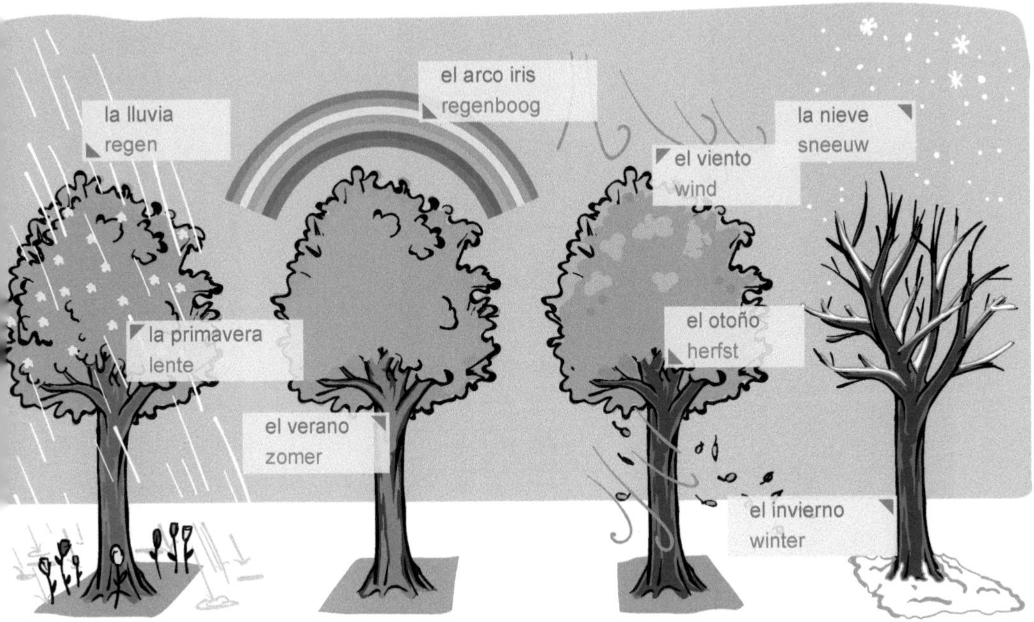

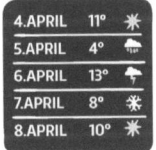

el pronóstico meteorológico

weervoorspelling

F C
120 40
90 30
60 20
30 10
0 0
-30 -10
-20

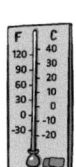

el termómetro

thermometer

la luz del sol

zonneschijn

la nube

wolk

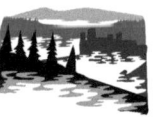

la niebla

mist

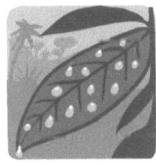

la humedad

vochtigheid

el rayo

bliksem

el trueno

donder

la tormenta

storm

el granizo

hagel

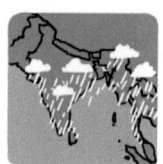

el monzón

moesson

la inundación

overstroming

el hielo

ijs

enero

januari

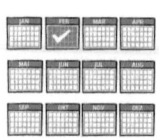

febrero

februari

marzo

maart

abril

april

mayo

mei

junio

juni

julio

juli

agosto

augustus

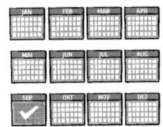

septiembre
....
september

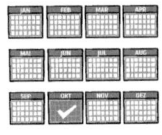

octubre
....
oktober

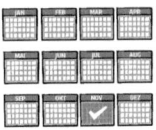

noviembre
....
november

diciembre
....
december

las formas

vormen

el círculo
....
cirkel

el cuadrado
....
kwadraat

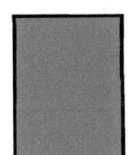

el rectángulo
....
rechthoek

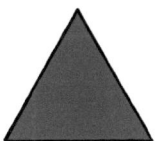

el triángulo
....
driehoek

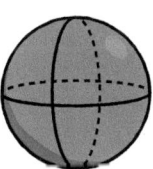

la esfera
....
bol

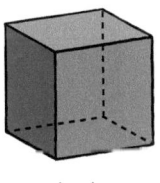

el cubo
....
kubus

blanco

wit

amarillo

geel

naranja

oranje

rosa

roze

rojo

rood

violeta

paars

azul

blauw

verde

groen

marrón

bruin

gris

grijs

negro

zwart

mucho / poco

veel / weinig

enojado / tranquilo

boos / kalm

lindo / feo

mooi / lelijk

el principio / el fin

begin / einde

grande / chico

groot / klein

claro / oscuro

licht / donker

el hermano / la hermana

broer / zus

limpio / sucio

proper / vuil

completo / incompleto

volledig / onvolledig

el día / la noche

dag / nacht

muerto / vivo

dood / levend

ancho / angosto

breed / smal

comestible / no comestible

eetbaar / oneetbaar

malo / amable

kwaadaardig / vriendelijk

entusiasmado / aburrido

opgewonden / verveeld

gordo / flaco

dik / dun

primero / último

eerst / laatst

el amigo / el enemigo

vriend / vijand

lleno / vacío

vol / leeg

duro / blando

hard / zacht

pesado / liviano

zwaar / licht

el hambre / la sed

honger / dorst

enfermo / sano

ziek / gezond

ilegal / legal

illegaal / legaal

inteligente / estúpido

intelligent / dom

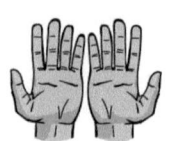

izquierda / derecha

links / rechts

cerca / lejos

dichtbij / veraf

nuevo / usado
nieuw / gebruikt

nada / algo
niets / iets

viejo / joven
oud / jong

encendido / apagado
aan / uit

abierto / cerrado
open / dicht

silencioso / ruidoso
stil / luid

rico / pobre
rijk / arm

correcto / incorrecto
juist / fout

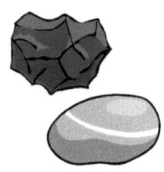

áspero / suave
ruw / glad

triste / contento
droevig / blij

corto / largo
kort / lang

lento / rápido
traag / snel

mojado / seco
nat / droog

caliente / frío
warm / koud

guerra / paz
oorlog / vrede

los opuestos - tegengestelden

cijfers

0

cero

nul

1

uno

één

2

dos

twee

3

tres

drie

4

cuatro

vier

5

cinco

vijf

6

seis

zes

7

siete

zeven

8

ocho

acht

9

nueve

negen

10

diez

tien

11

once

elf

12

doce

twaalf

13

trece

dertien

14

catorce

veertien

15

quince

vijftien

16

dieciséis

zestien

17

diecisiete

zeventien

18

dieciocho

achtien

19

diecinueve

negentien

20

veinte

twintig

100

cien

honderd

1.000

mil

duizend

1.000.000

el millón

miljoen

el inglés

Engels

el inglés americano

Amerikaans Engels

el chino mandarín

Chinees (Mandarijn)

el hindi

Hindi

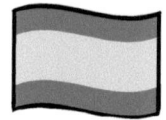

el español

Spaans

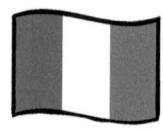

el francés

Frans

el árabe

Arabisch

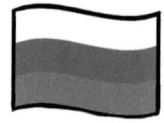

el ruso

Russisch

el portugués

Portugees

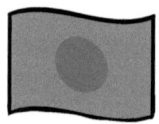

el bengalí

Bengali

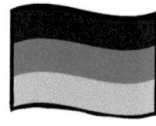

el alemán

Duits

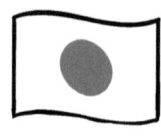

el japonés

Japans

yo

ik

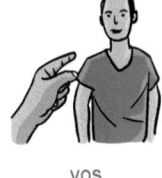

vos

u

él / ella

hij / zij / het

nosotros

wij

ustedes

u

ellos

ze

¿quién?

wie?

¿qué?

wat?

¿cómo?

hoe?

¿dónde?

waar?

¿cuándo?

wanneer?

el nombre

naam

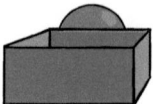

detrás

achter

en

in

adelante de

voor

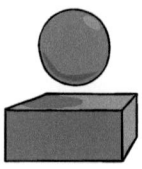

por encima de

boven

sobre

op

debajo de

onder

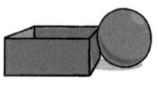

al lado de

naast

entre

tussen

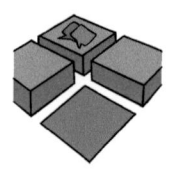

el lugar

plaats